Impressum
Verlag: BABADADA GmbH, Nedderfeld 112 , 22529 Hamburg
Geschäftsführer / Verlagsleitung: Harald Hof
Druck: Books on Demand GmbH, In de Tarpen 42, 22848 Norderstedt

Imprint
Publisher: BABADADA GmbH, Nedderfeld 112 , 22529 Hamburg, Germany
Managing Director / Publishing direction: Harald Hof
Print: Books on Demand GmbH, In de Tarpen 42, 22848 Norderstedt, Germany

Šola

ښوونځی

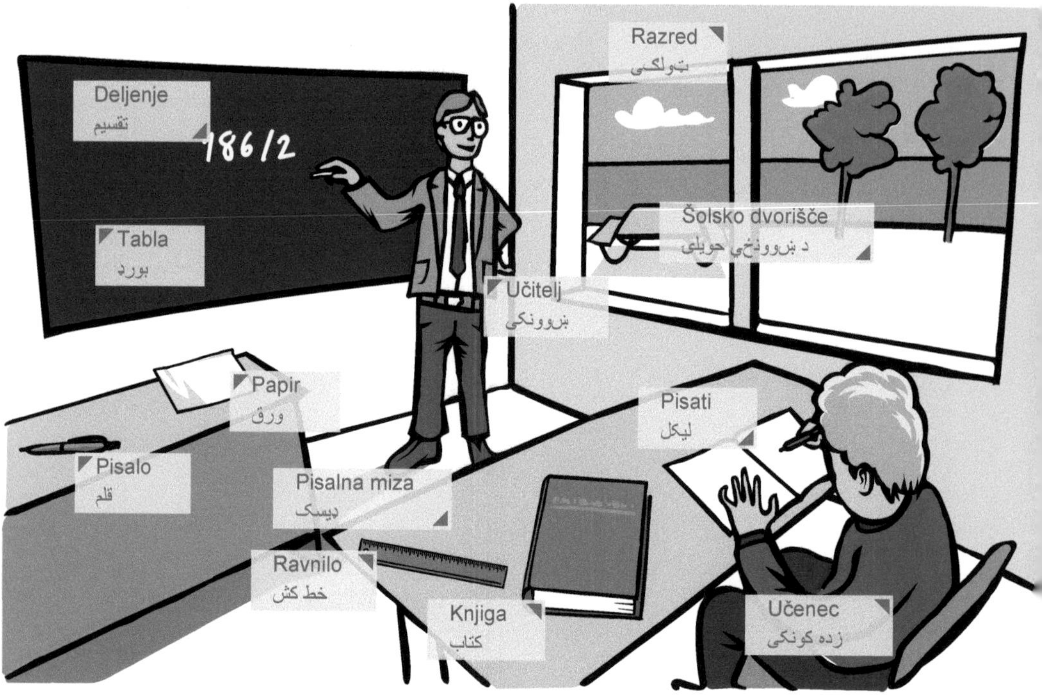

Razred
ټولګی
Deljenje
تقسیم
186/2
Tabla
بورډ
Šolsko dvorišče
د ښوونځي حویلی
Učitelj
ښوونکی
Papir
ورق
Pisati
لیکل
Pisalo
قلم
Pisalna miza
ډیسک
Ravnilo
خط کش
Knjiga
کتاب
Učenec
زده کونکی

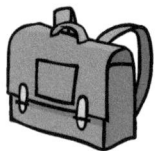

Šolska torba

کڅوړه

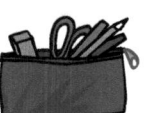

Peresnica

د پنسل بکسه

Svinčnik

پنسل

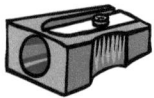

Šilček

پنسل تراش

Radirka

ربړ

Risalni blok

د رسامی پاڼه

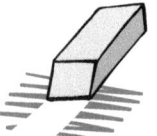

Risba

رسامي

Čopič

د نقاشی برس

Vodene barvice

د نقاشی بکس

Škarje

قیچي

Lepilo

سریش

Zvezek

د تمرین کتاب

Domača naloga

کورنی دنده

12

Število

شمیر

2+2

Seštevanje

جمع

5-2

Odštevanje

منفي

2×2

Množenje

ضرب

Računanje

حساب

A

Črka

توری

ABCDEFG HIJKLMN OPQRSTU VWXYZ

Abeceda

الفبا

hello

Beseda

کلمه

Besedilo

متن

Brati

لوستل

Kreda

تباشیر

Učna ura

درس

Redovalnica

راجستر

Preizkus znanja

ازموینه

Spričevalo

تصدیق پاڼه

Šolska uniforma

د ښوونځي یونیفارم

Izobrazba

تعلیم

Enciklopedija

دایره المعارف

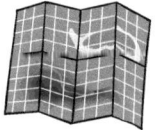

Univerza

پوهنتون

Mikroskop

مایکروسکوپ

Zemljevid

نقشه

Koš za smeti

اشغالدانی

Potovanje

سفر

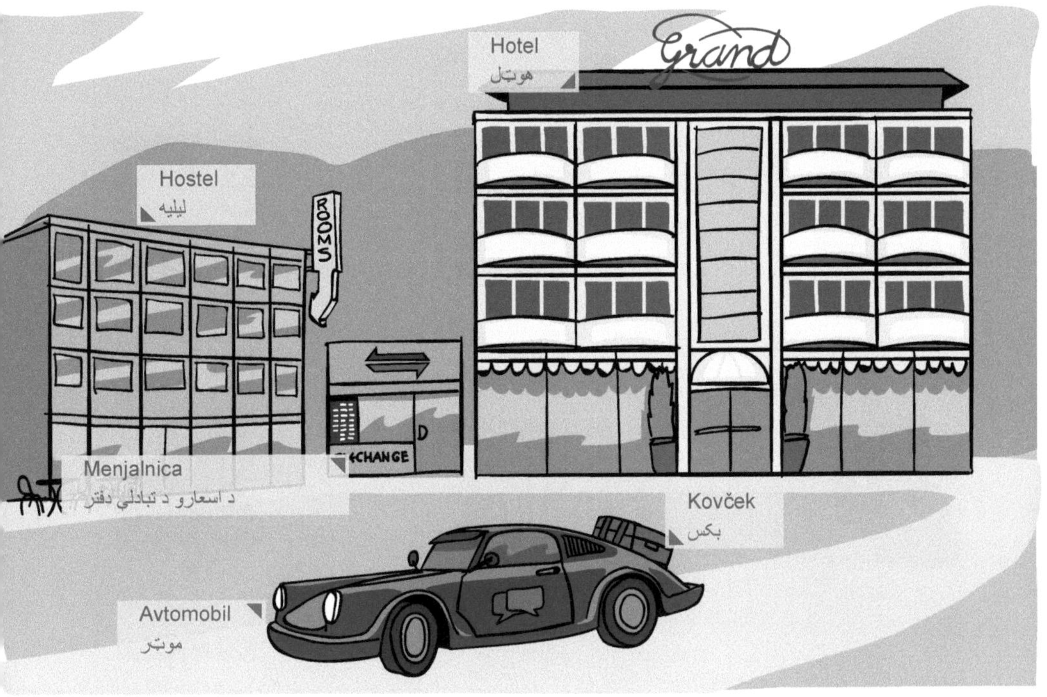

Hotel
هوټل
Grand
Hostel
ليليه
ROOMS
EXCHANGE
Menjalnica
د اسعارو د تبادلې دفتر
Kovček
بکس
Avtomobil
موټر

Jezik

ژبه

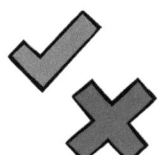

da / ne

هو/نه

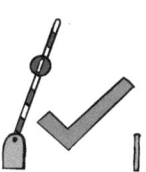

Prav

سمه ده

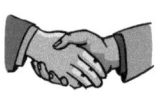

Pozdravljeni

سلام

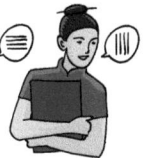

Prevajalec

ژباړونکی

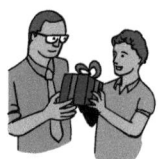

Hvala

مننه

Koliko stane…?

څومره دي...؟

Ne razumem

زه نه پوهیږم

Težava

ستونزه

Dober večer!

ماښام مو پخیر!

Dobro jutro!

سهار په خیر!

Lahko noč!

شپه په خیر!

Nasvidenje

په مخه مو ښه

Smer

لارښود

Prtljaga

سامان

Torba

بیگ

Nahrbtnik

شاتنی بکس

Gost

میلمه

Soba

خونه

Spalna vreča

د خوب کڅوړه

Šotor

خیمه

Turistične informacije

د توریزم معلومات

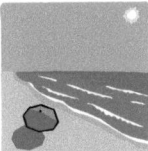

Plaža

ساحل

Kreditna kartica

کریدیت کارت

Zajtrk

ناری

Kosilo

د غرمی خواړه

Večerja

د شپی خواړه

Vozovnica

تیکټ

Dvigalo

لفت

Znamka

مهر

Meja

پوله

Carina

ګمرک

Veleposlaništvo

سفارت

Vizum

ویزه

Potni list

پاسپورت

Prevoz

ټرانسپورټ

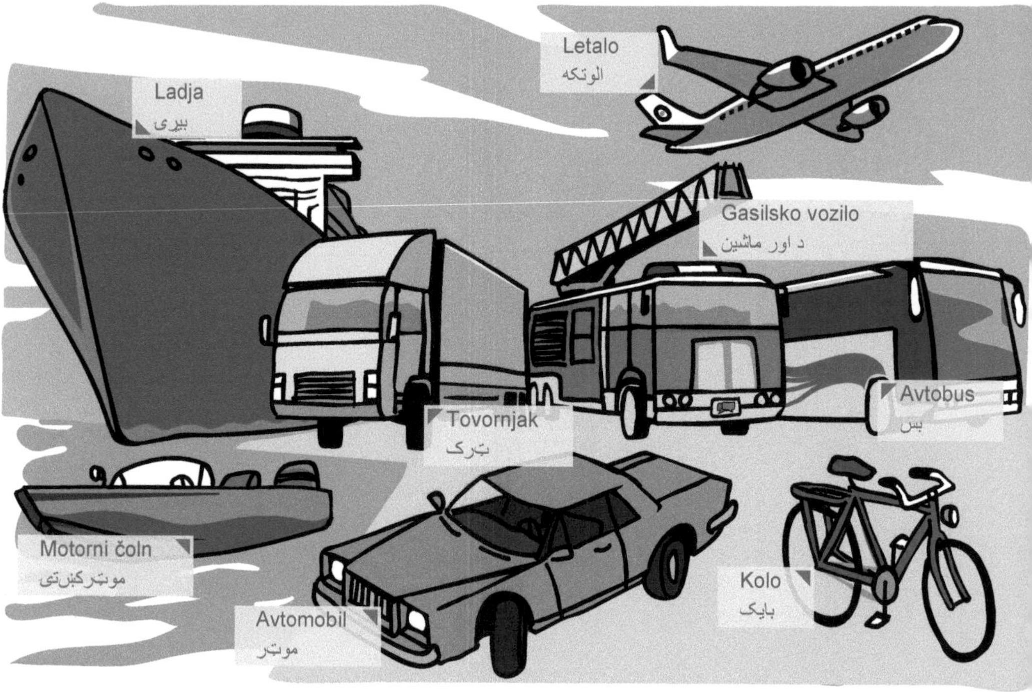

Letalo
الوتکه
Ladja
بیړۍ
Gasilsko vozilo
د اور ماشین
Avtobus
بس
Tovornjak
ټرک
Motorni čoln
موټرکښتۍ
Avtomobil
موټر
Kolo
بایک

Trajekt

کښتۍ

Čoln

کښتۍ

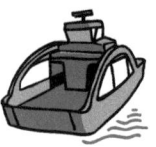

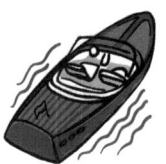

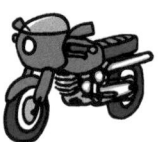

Motorno kolo

موټرسایکل

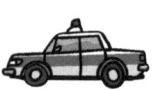

Policijski avto

د پولیسو موټر

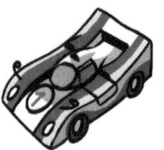

Dirkalni avto

د ریس موټر

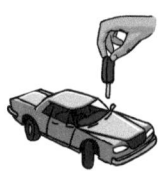

Najeto vozilo

کرایی موټر

Souporaba avtomobila

د کرايه موټری

Avtovleka

جرثقيل لرونکی ټرک

Smetarsko vozilo

ريفيوز ټرک

Motor

موټر

Gorivo

سونګ توکي

Bencinska postaja

پټرول سټيشن

Prometni znak

ترافيکي نښه

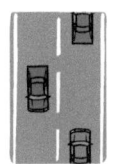

Promet

ترافيک

Zastoj

جام ترافيک

Parkirišče

د موټرو تمځای

Železniška postaja

د ريل سټيشن

Tirnice

پاتنکي

Vlak

ريل

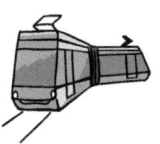

Tramvaj

ټرام

Vagon

واګون

Helikopter

چورلکه

Letališče

هوايي ډګر

Stolp

برج

Potnik

مسافر

Kontejner

کانټينر

Karton

کارتون

Voziček

کارت

Košara

ټوکری

vzleteti / pristati

الوتنه کول/کښېناستل

Mesto

ښار

Vas

کلی

Mestno jodro

د ښار مرکز

Hiša

کور

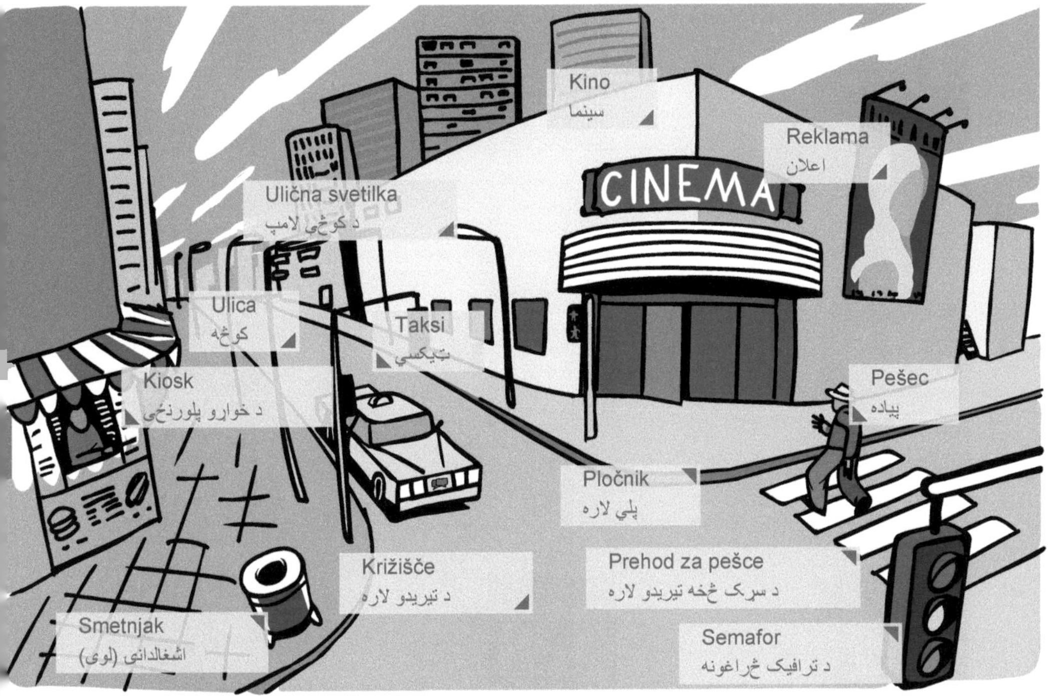
Kino
سینما
CINEMA
Reklama
اعلان
Ulična svetilka
د کوڅې لامپ
Ulica
کوڅه
Taksi
ټیکسي
Kiosk
د خوارو پلورنځی
Pešec
پیاده
Pločnik
پلي لاره
Križišče
د تیریدو لاره
Prehod za pešce
د سړک څخه تیریدو لاره
Smetnjak
اشغالدانی (لوی)
Semafor
د ترافیک څراغونه

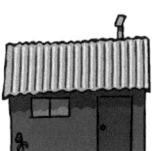

Koča

کوډله

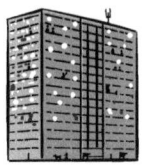

Stanovanje

اپارتمان

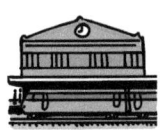

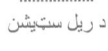

Železniška postaja

د ریل سټیشن

Mestna hiša

ټاون هال

MUSEUM

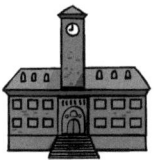

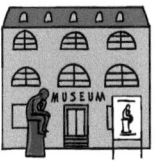

Muzej

میوزیم

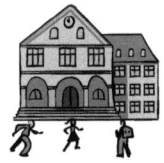

Šola

ښوونځی

Univerza

پوهنتون

Banka

بانک

Bolnišnica

روغتون

Hotel

هوټل

Lekarna

درملتون

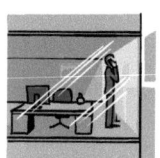

Pisarna

دفتر

Knjigarna

کتاب پلورنځی

Trgovina

پلورنځی

Cvetličarna

د ګلانو پلورنځی

Supermarket

لوی پلورنځی

Tržnica

مارکیت

Veleblagovnica

د دیپارتمنټ سټور

Ribarnica

کب پلورنځی

Nakupovalno središče

د پلور مرکز

Pristanišče

لنګرتون

Park

پارک

Klop

بینچ

Most

پل

Stopnice

زینه

Podzemna železnica

د خُمکي لاندي

Predor

تونل

Avtobusno postajališče

بس تمځای

Bar

بار

Restavracija

ریستورانت

Poštni nabiralnik

پوست بکس

Ulična tabla

د کوڅی نښه

Parkirna ura

د پارک کولو میټر

Živalski vrt

ژوبن

Kopališče

د لامبو حوض

Mošeja

مسجد

Kmetija

كرونده

Onesnaževanje

ناپاكي

Pokopališče

هديره

Cerkev

چرچ

Otroško igrišče

د لوبو ډکر

Tempelj

معبد/كليسا

Pokrajina

منظره

List
پاڼه

Kažipot
د لاریوونې نښه

Pot
لاره

Travnik
چمن

Kamen
کانی

Pohodnik
هیکر

Drevo
وڼه

Reka
سيند

Trava
واښه

Cvetlica
ګل

Dolina

دره

Hrib

غوندی

Jezero

ناور

Gozd

ځنګل

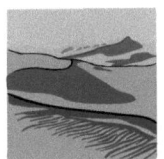

Puščava

دشته

Vulkan

اورشیندی

Grad

کلا

Mavrica

رنګین کمان

Goba

مرخيري

Palma

پلم ونه

Komar

ماشي

Muha

الوتل

Mravlja

مېږی

Čebela

مچی

Pajek

غوندۍ/جولا

Hrošč

گونگت

Žaba

چونگښه

Veverica

نولی

Jež

زيرکی

Zajec

سوی

Sova

گونگ

Ptič

مرغی

Labod

قازه

Divji prašič

نرخوگ

Jelen

هوسی

Los

گاوزه

Jez

بند

Vetrnica

بادي توربين

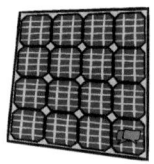

Solarna plošča

سولر تختي

Podnebje

اقليم

Restavracija

ریسټورانټ

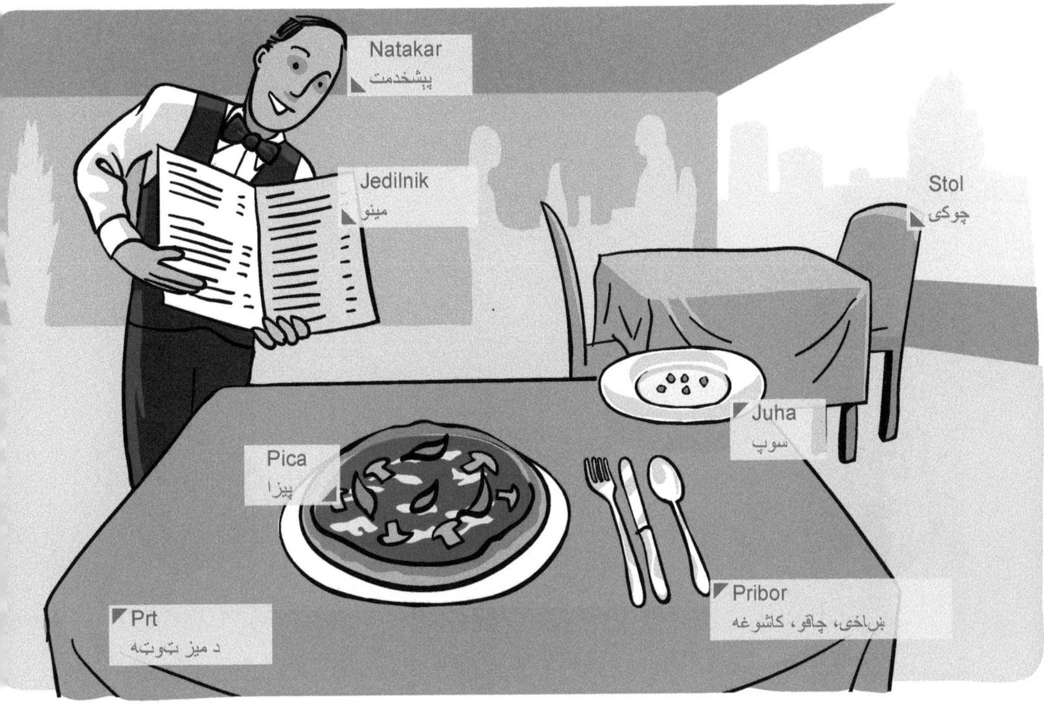
Natakar
پیشخدمت
Jedilnik
مینو
Stol
چوکۍ
Juha
سوپ
Pica
پیزا
Pribor
بڼاخی، چاقو، کاشوغه
Prt
د میز ټوټه

Predjed

ستارټر

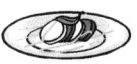

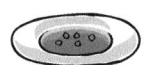

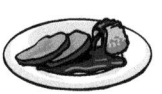

Glavna jed

اصلي خواړه

Sladica

شیرني

Pijače

څښاک

Hrana

خواړه

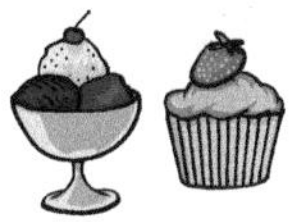

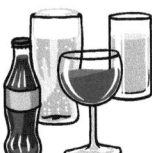

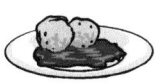

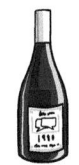

Steklenica

بوتل

Hitra hrana

فاسټ فوډ

Ulična hrana

د کوڅې خواړه

Čajnik

چای جوش

Sladkornica

قندانی

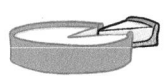

Porcija

برخه

Aparat za espresso

اسپرسو مشین

Stolček za hranjenje

لوړه چوکی

Račun

رسید

Pladenj

مجمه

Nož

چاکو

Vilica

پنجه

Žlica

قاشق

Čajna žlička

چای قاشق

Servieta

سورویټ

Kozarec

ګلاس

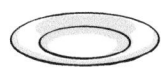

Krožnik

پلیټ

Globoki krožnik

د سوپ پلیټ

Krožniček

نالبکی

Omaka

ساس

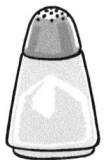

Solnica

مالګه شیندونکی

Mlinček za poper

د مرچ ټکولو لوخی

Kis

سرکه

Olje

غوړي

Začimbe

مساله

Kečap

کچ اپ

Gorčica

شوربمش

Majoneza

چکه

Supermarket
لوی پلورنځی

Posebna ponudba
خانګړی وړاندیز

Stranka
پیرودونکی

Mlečni izdelki
لبنیات

Nakupovalni voziček
لاسي ټرخ

Sadje
میوه

Mesnica	**Pekarna**	**Tehtati**
قصابي	نانوایی	وزن کول
	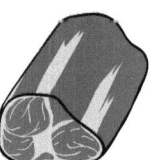	
Zelenjava	**Meso**	**Zamrznjena hrana**
سبزیجات	غوښه	کنګل خواړه

Hladne mesnine

يخه غوښه

Konzerve

کنسروا خواره

Pralni prašek

د مينځلو پودر

Sladkarije

شيريني

Gospodinjski izdelki

کورني توليدات

Čistilno sredstvo

د پاکولو محصولات

Prodajalka

د پلور فرد

Blagajna

د نغدي راجستر

Blagajnik

صراف

Nakupovalni seznam

د پيرود ليست

Delovni čas

کاري ساعتونه

Denarnica

بټوه

Kreditna kartica

کريډيټ کارت

Torga

کڅوړه

Plastična vrečka

پلاستيک کڅوړه

Voda

اوبه

Sok

جوس

Mleko

ثيده

Kola

کوک

Vino

واين

Pivo

بير

Alkohol

الکول

Kakav

ککاو

Čaj

چای

Kava

کافي

Espresso

اسپرسو

Kapučino

کپچينو

Banana

كيله

Jabolko

منه

Pomaranča

نارنج

Lubenica

هندوانه

Limona

ليمو

Korenje

گازره

Česen

هوږه

Bambus

بانکس

Čebula

پياز

Goba

مرخيړي

Orešcki

چغزی

Rezanci

آش

Špageti

سپيگـتـي

Riž

وريجي

Solata

سلاد

Ocvrt krompirček

چپس

Pečen krompir

سره کري کچالو

Pica

پيزا

Hamburger

همبرگـر

Sendvič

ساندويچ

Zrezek

کتره

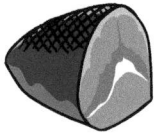

Šunka

د پتون غوښه

Salama

سلمي

Klobasa

ساسج

Piščanec

چرک

Pečenka

روست

Riba

کب

Ovseni kosmiči

د وربشي شيرني

Musli

موسلي

Koruzni kosmiči

د جوار پلی

Moka

اوره

Rogljiček

کروسانت

Žemlja

د ډوډۍ رول

Kruh

ډوډۍ

Prepečenec

ټوسټ

Piškoti

بسکيټ

Maslo

کوچ

Skuta

چکه

Torta

کيک

Jajce

هګۍ

Pečeno jajce na oko

پنسي هګۍ

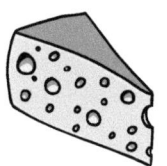

Sir

پنير

Sladoled

آيس كريم

Sladkor

بوره

Med

شهد

Marmelada

مربا

Čokoladni namaz

نوگات كريم

Kari

كوركمان

Kmetija
کرونده

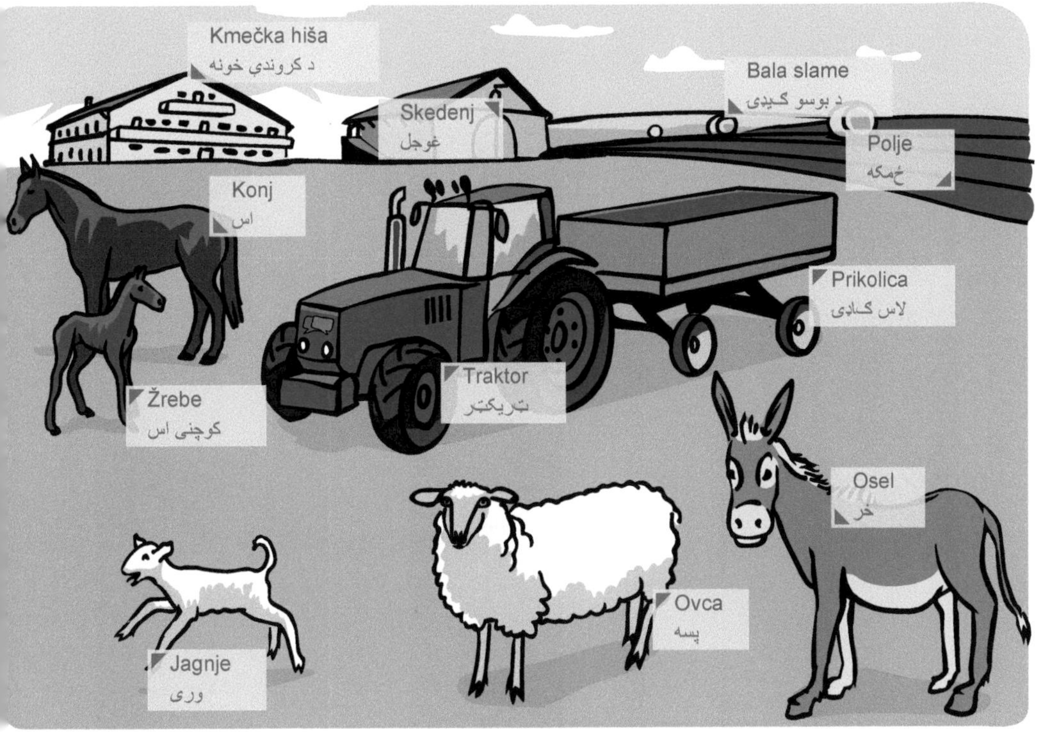

Kmečka hiša
د کروندي خونه
Skedenj
غوجل
Bala slame
د بوسو گېډۍ
Polje
ځمکه
Konj
اس
Prikolica
لاس گاډی
Traktor
ټریکټر
Žrebe
کوچنی اس
Osel
خر
Ovca
پسه
Jagnje
وری

Koza

وزه

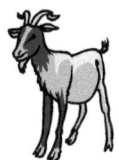

Krava

غوا

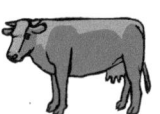

Tele

خوسکی

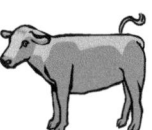

Prašič

خوگ

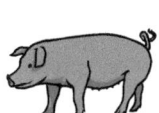

Pujsek

د خوگ بچی

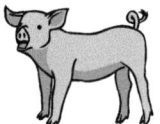

Bik

غویی

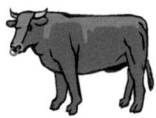

Gos

بته

Raca

هيلى

Piščanec

چرکوړى

Kokoš

چرکه

Petelin

بانگي

Podgana

سارای موږک

Mačka

پيشک

Miš

موږک

Vol

غوپى

Pes

سپى

Pasja uta

د سپي خونه

Cev za zalivanje

د باغ هوز

Kangla za zalivanje

د اوبو لوخى

Kosa

لور (داس)

Plug

يوى

Srp

لور

Motika

رمبی

Vile

بڼاخی

Sekira

تبر

Samokolnica

کراچی

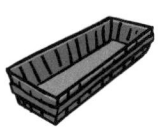

Korito

ناوه

Kangla za mleko

د شیدو لوخی

Vreča

جوال

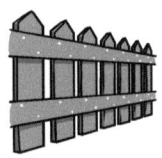

Ograja

کټاره

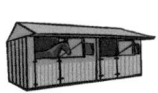

Hlev

مضبوط

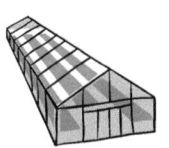

Rastlinjak

شنه خونه

Prst

خاوره

Seme

تخم

Gnojilo

سره/کود

Kombajn

کد ریبونکی ماشین

Žeti

زيرمه کول

Žetev

درمند

Jam

خواړه کچالو

Pšenica

غنم

Soja

سويا

Krompir

کچالو

Koruza

جوار

Oljna ogrščica

نباتي تخم

Sadno drevo

د ميوي ونه

Maniok

مانيوک

Žito

غله

Hiša

کور

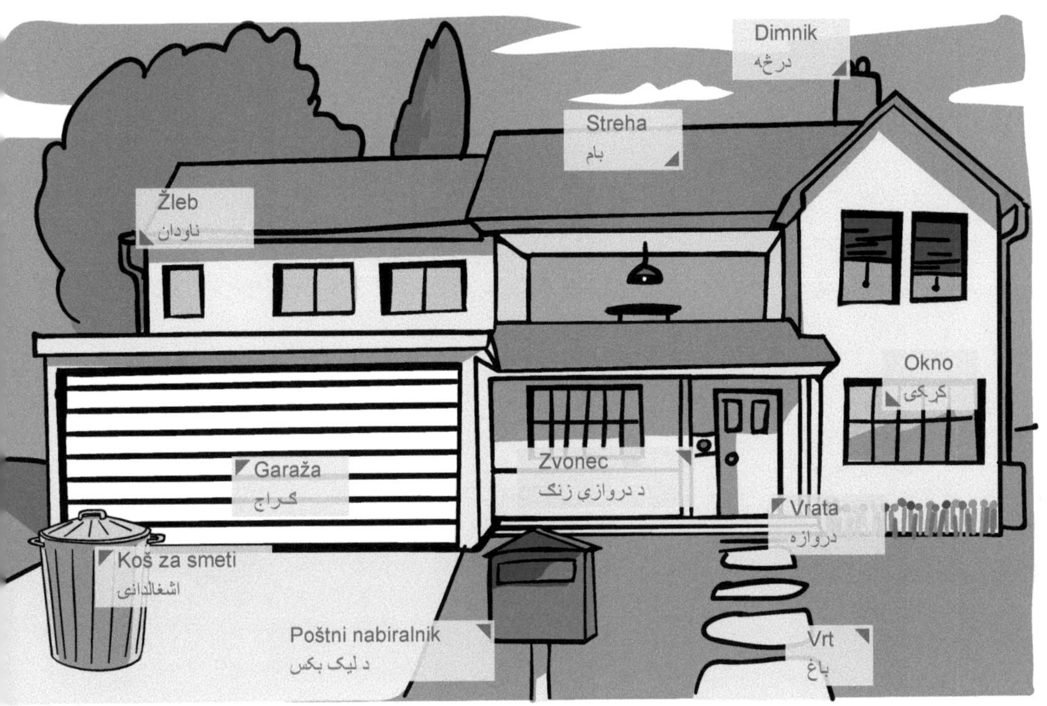
Dimnik
درڅه
Streha
بام
Žleb
ناودان
Okno
کړکۍ
Garaža
گراج
Zvonec
د دروازې زنګ
Vrata
دروازه
Koš za smeti
اشغالدانی
Poštni nabiralnik
د لیک بکس
Vrt
باغ

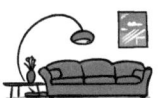

Dnevna soba

د اوسیدو خونه

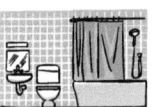

Kopalnica

حمام

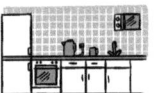

Kuhinja

پخلنځی

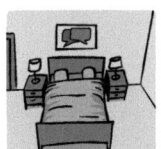

Spalnica

د ویده کیدو خونه

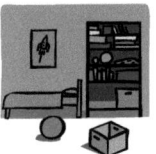

Otroška soba

د ماشوم خونه

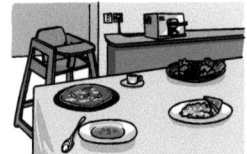

Jedilnica

د خوارو خونه

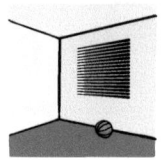

Tla

فرش

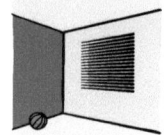

Stena

ديوال

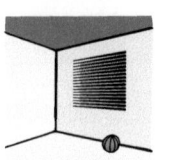

Strop

چت

Klet

زيرخانه

Savna

سونا

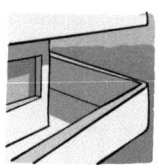

Balkon

بالکوني

Terasa

تراس

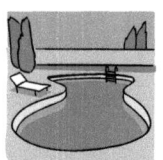

Bazen

حوض

Kosilnica

د چمن وهلو ماشين

Rjuha

ثیت

Posteljno pregrinjalo

روجایی

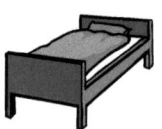

Postelja

تخت

Metla

جارو

Vedro

بوکه

Stikalo

سویچ

Dnevna soba

د اوسيدو خونه

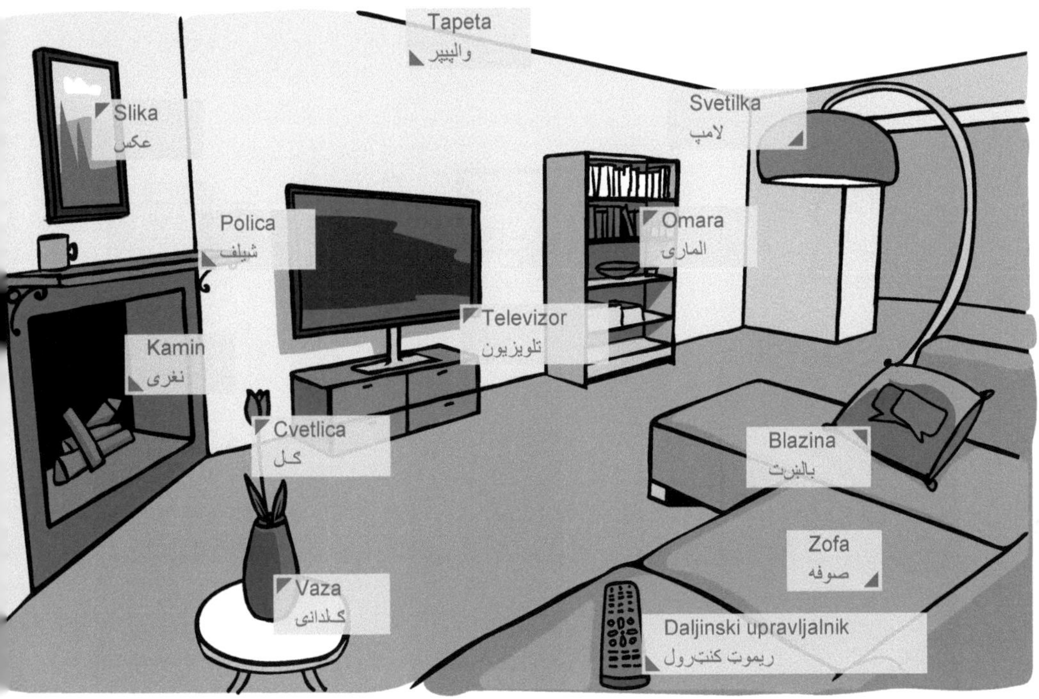

Tapeta
والپیپر
Slika
عکس
Svetilka
لامپ
Polica
شیلف
Omara
الماری
Televizor
تلویزیون
Kamin
نغری
Cvetlica
گـل
Blazina
بالښت
Zofa
صوفه
Vaza
گـلدانی
Daljinski upravljalnik
ریموټ کنټرول

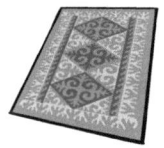

Preproga

غالی

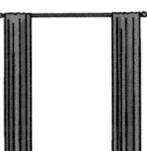

Zavesa

پرده

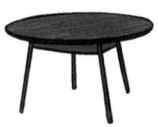

Miza

میز

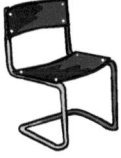

Stol

چوکۍ

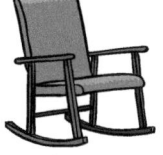

Gugalnik

تاویدونکي چوکۍ

Naslanjač

بازو لرونکی چوکۍ

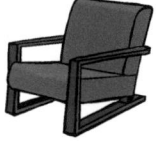

Knjiga

کتاب

Odeja

کمپل

Dekoracija

دیکوریشن

Drva

د اور لرګي

Film

فلم

Glasbeni stolp

هایفای

Ključ

کلی

Časopis

ورځپاڼه

Slika

نقاشي

Plakat

پوسټر

Radio

راډیو

Beležka

کتابچه

Sesalnik

واکیوم جارو

Kaktus

کاکتوس

Sveča

شمع

Kuhinja
پخلنځی

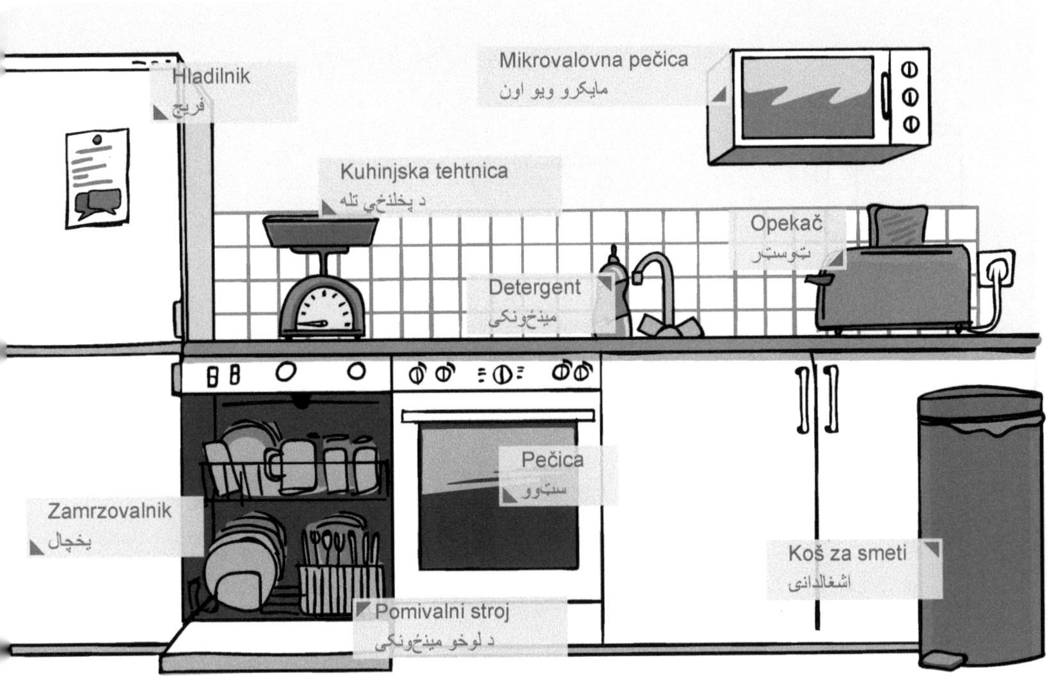
Hladilnik
فریج
Mikrovalovna pečica
مایکرو ویو اون
Kuhinjska tehtnica
د پخلنځي تله
Opekač
ټوستر
Detergent
مینځونکی
Pečica
سټوو
Zamrzovalnik
یخچال
Koš za smeti
اشغالدانی
Pomivalni stroj
د لوخو مینځونکی

Kozica

دیگ بخار

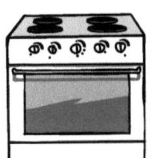

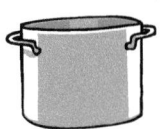

Lonec

لوخی

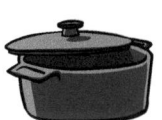

Litoželezni lonec

چدني لوخی

Vok / kadai

ووک

Ponev

د تلي په

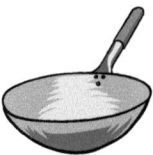

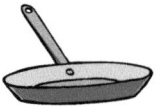

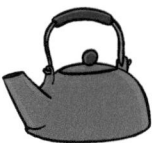

Kotliček

چای جوش

Parni kuhalnik

د بخار دیگ

Pekač

پتنوس

Posoda

لوخي

Skodelica

مګ

Skleda

کاسه

Jedilne paličice

د رانیولو اوزار

Zajemalka

څمڅۍ

Lopatica

کفګیر

Metlica

پاکونکی

Cedilnik

صافي

Cedilo

غلبیل

Strgalo

کریتر

Možnar

اونګ

Žar

بار بي کیو

Ognjišče

خلاص اور

Deska za rezanje

تخته

Valjar

هوارونکی

Odpirač za steklenice

کارک سکریو

Pločevinka

ټین

Odpirač za konzerve

د ټین خلاصونکی

Prijemalka za posodo

د لوخي ټوټه

Korito

ظرف شوی

Ščetka

برس

Goba

سپنج

Mešalnik

بلیندر

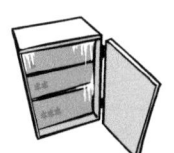

Zamrzovalna skrinja

ژور یخچال

Steklenička

د ماشوم بوتل

Pipa

نل

Kopalnica

حمام

Ogrevanje
تودول

Prha
شاور

Brisača
جان پاک

Zavesa za prho
د شاور پرده

Peneča kopel
بيل حمام

Kopalna kad
د حمام نبّب

Kozarec
ګلاس

Pralni stroj
د مينځلو مشين

Pipa
نل

Ploščice
ټايلونه

Kahlica
يو دول کمود

Korito
ظرف شوی

Stranišče

تشناب

Stranišče na počep

فرشي کمود

Bide

کمود

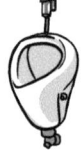

Pisoar

د متيازو خای

Toaletni papir

تشناب کاغذ

Ščetka za straniščno školjko

د تشناب برس

Zobna ščetka

د غاښونو برس

Zobna pasta

د غاښونو کریم

Zobna nitka

د غاښونو نخ

Umiti se

مینځل

Ročna prha

لاسي شاور

Prha za intimne dele

دوش

Umivalnik

خانک

Krtača za hrbet

د شا برس

Milo

صابون

Gel za prhanje

د شاور ژل

Šampon

شامپو

Krpica za miljenje

فلانل جامه

Odtok

وچول

Krema

کریم

Deodorant

سپری

Ogledalo

آينه

Ročno ogledalo

لاسي آينه

Britvica

ريزر

Pena za britje

د خريلو فوم

Vodica po britju

د خريلو وروسته

Glavnik

كمنځخ

Ščetka

برس

Sušilnik za lase

د ويښتانو وچونكى

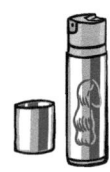

Lak za lase

د ويښتانو سپرى

Ličila

ميك اپ

Šminka

ليپ ستيك

Lak za nohte

د نوكانو پالش

Vatirane blazinice

كاتن ورى

Škarjice za nohte

ناخن گير

Parfum

عطر

Toaletna torbica

د مینځلو کڅوړه

Stol brez naslonjala

سټول

Osebna tehtnica

د وزن کولو تله

Kopalni plašč

د حمام پوښاک

Gumijaste rokavice

د ربر دستکش

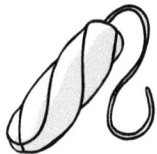

Tampon

ټامپون

Damski vložki

صحیی جان پاک

Kemično stranišče

کیمیکل تشناب

Otroška soba

د ماشوم خونه

Budilka
د الارم ساعت
Plišasta igrača
د لوبو وسایل
Avtomobilček
د نانځکي موټر
Ropotuljica
ريتل
Hiška za punčke
د نانځکو خونه
Darilo
بالی

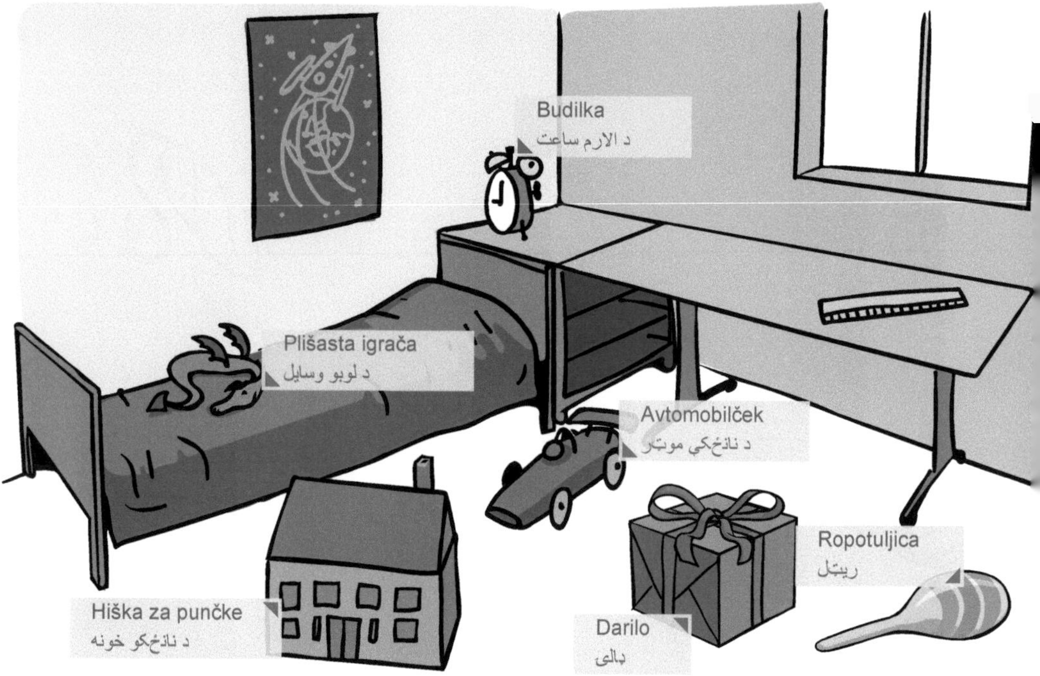

Balon

بالون

Postelja

تخت

Otroški voziček

کالسکه

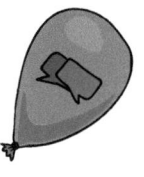

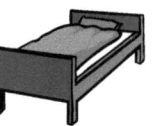

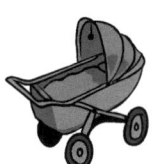

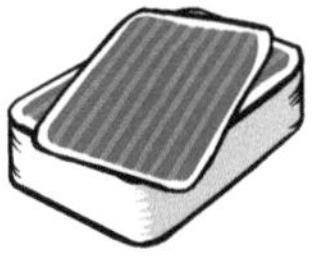

Igralne karte

د لوبو ورقي

Sestavljanka

جیګسا

Strip

مسخره

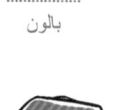

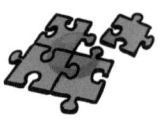

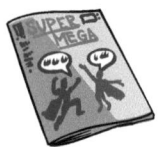

Lego kocke

لیکو بریک

Igralne kocke

د نادخکو بلاک

Akcijska figura

د اکشن فیگـور

Bodi

د ماشوم پوښاک

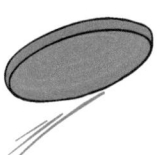

Frizbi

فریزبي

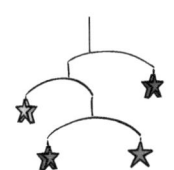

Vrtiljak za posteljico

موبایل

Namizna igra

بورد لوبه

Kocka

تاس

Komplet modelov vlakov

مادل ریل سیت

Duda

گـونگشی

Zabava

پارتي

Slikanica

د عکسونو البوم

Žoga

بال

Lutka

نادخکه

Igrati se

لوبیدل

Peskovnik

د شګو کنده

Gugalnica

سوينګ

Igrače

ناڅخکي

Igralna konzola

د ويديو لوبو کنسول

Tricikel

تر‌ای سایکل

Plišasti medvedek

کـودکه

Garderoba

د کالو الماری

Oblačilo

پوښاک

Nogavice

جرابي

Samostoječe nogavice

لوړي جرابي

Hlačne nogavice

تایټس

Šal
زروکی

Dežnik
چتری

Pas
کمربند

Majica s kratkimi rokavi
ټي شرت

Škornji
بوټان

Copati
سلیپر

Športni copati
سنیکر

Sandali

سیندل

Čevlji

بوټان

Gumijasti škornji

د ربر بوټان

Spodnje hlače

زیرنیکري

Modrček

سینه بند

Telovnik

واسکټ

Bodi

بادي

Hlače

پتلون

Kavbojke

جينز

Krilo

لمن

Bluza

بلاوز

Srajca

شرت

Pulover

بنيان

Pletena jopica

سويتر

Jopa

بليزر

Jakna

جاكټ

Plašč

كوټ

Dežni plašč

د باران كوټ

Kostim

پوښاك

Obleka

كالي

Poročna obleka

د واده پوښاك

Obleka

دريشي

Spalna srajca

د شپې پوښاک

Pižama

پاجامه

Sari

ساري

Naglavna ruta

لوپټه

Turban

پټکی

Burka

برقه

Kaftan

کفتن

Abaja

عبا

Kopalke

د لامبو پوښاک

Kopalne hlače

نیکر

Kratke hlače

شارت

Trenirka

د خُغاستي پوښاک

Predpasnik

پیښ بند

Rokavice

دستکش

Gumb

بتن

Očala

عینک

Zapestnica

لاس بند

Verižica

غاړه کۍ

Prstan

ګوتمه

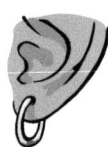

Uhan

غوږوالۍ

Kapa

خولۍ

Obešalnik

کوټ بند

Klobuk

خولۍ

Kravata

نټايي

Zadrga

ځنځير

Čelada

هیلمیټ

Naramnice

ترونکی

Šolska uniforma

د ښوونځي يونيفارم

Uniforma

يونيفارم

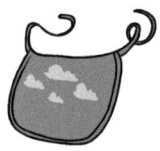

Slinček

بيب

Duda

ګـونګـشی

Plenica

نيپي

Pisarna
دفتر

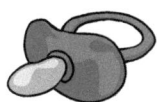

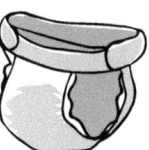

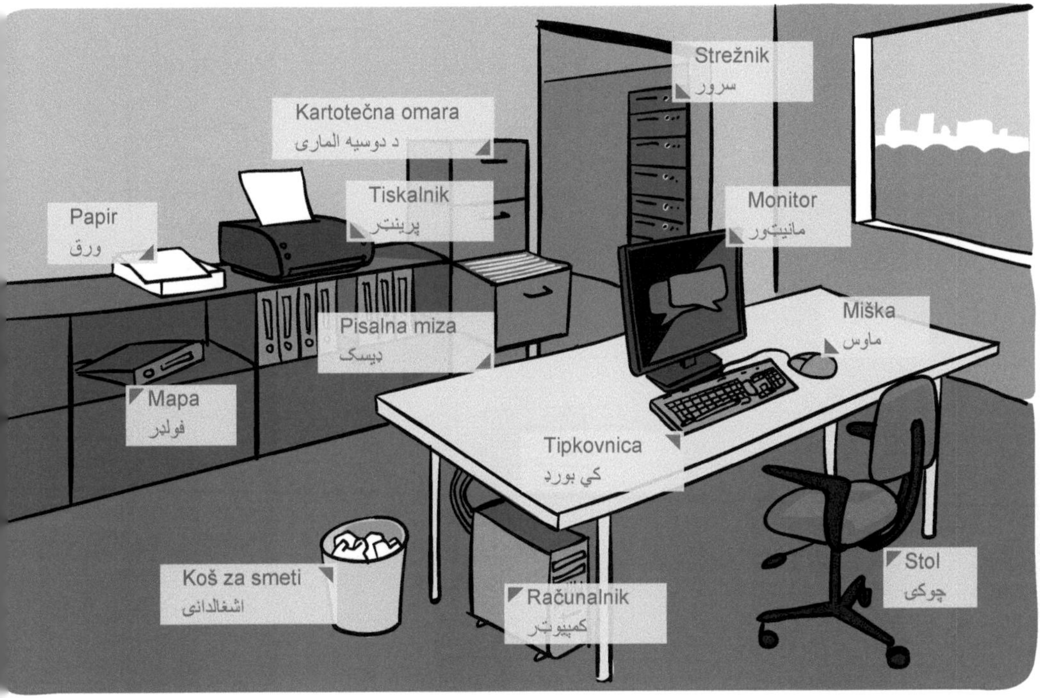

Strežnik
سرور
Kartotečna omara
د دوسيه الماری
Tiskalnik
پرينټر
Papir
ورق
Monitor
مانيټور
Pisalna miza
ډيسک
Miška
ماوس
Mapa
فولډر
Tipkovnica
کي بورډ
Koš za smeti
اشغالدانی
Računalnik
کمپيوټر
Stol
چوکی

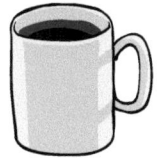

Lonček za kavo

د کافي پياله

Kalkulator

کالکوليټر

Internet

انټرنيټ

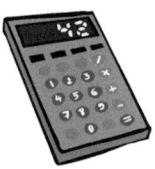

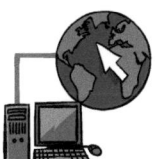

	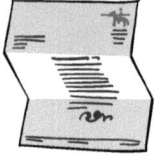	
Prenosnik	Pismo	Sporočilo
لپ ټاپ	لیک	پیغام

Mobilnik	Omrežje	Kopirni stroj
موبایل	نیټورک	فوټوکاپیر

Programska oprema	Telefon	Vtičnica
سافتویر	تلیفون	پلک ساکټ
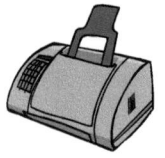	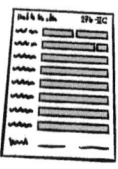	
Telefaks	Obrazec	Dokument
فکس مشین	فارم	سند

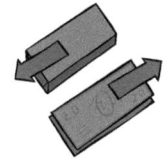

Kupiti

پيرل

Plačati

تاديه کول

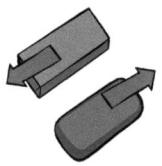

Trgovati

سوداگري کول

Denar

پيسي

Dolar

ډالر

Evro

يورو

Jen

ين

Rubelj

ربل

Švičarski frank

سويسي فرانک

Kitajski juan renminbi

رينمينبي يوان

Rupija

روپۍ

Bankomat

د نغدي پيسو څای

Menjalnica

د اسعارو د تبادلي دفتر

Zlato

سره زر

Srebro

سپین زر

Nafta

تیل

Energija

انرژي

Cena

نرخ

Pogodba

قرارداد

Davek

مالیه

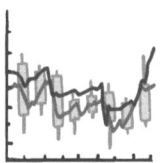

Delnice

اسهام

Delati

کار کول

Delojemalec

کارمند

Delodajalec

کار گومارونکی

Tovarna

فابریکه

Trgovina

پلورنځی

Poklici
مسلکونه

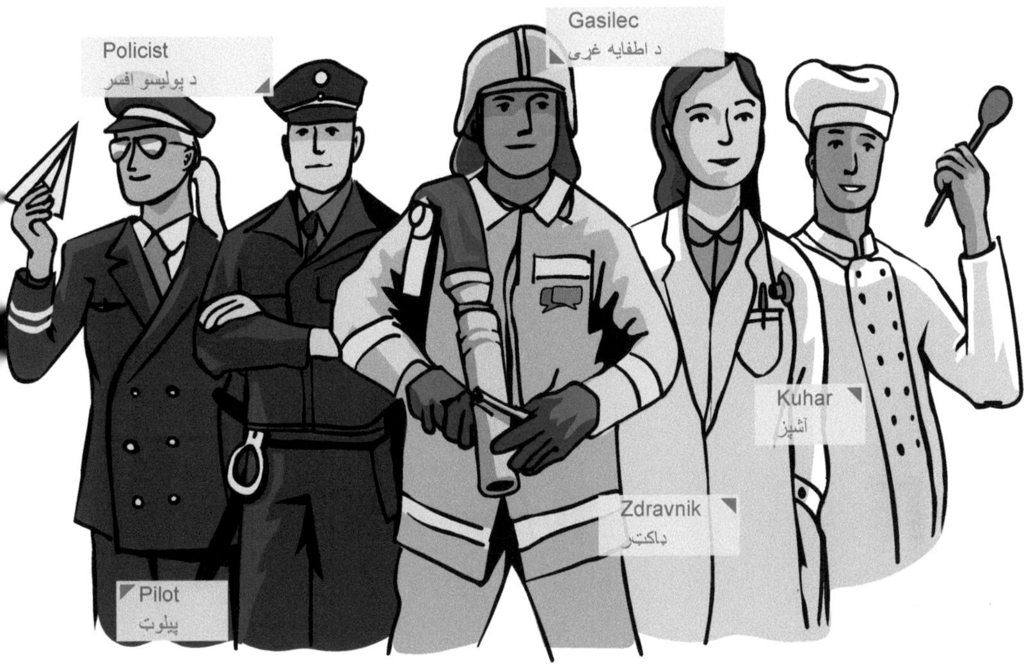

Policist
د پولیسو افسر
Gasilec
د اطفایه غری
Kuhar
آشپز
Zdravnik
ډاکټر
Pilot
پیلوټ

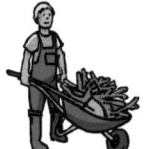

Vrtnar

باغوان

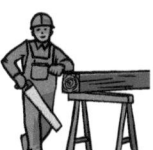

Mizar

نجار

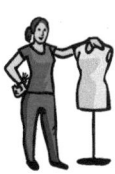

Šivilja

خیاط

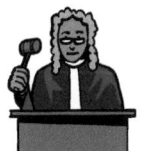

Sodnik

قاضي

Kemik

کیمیا پوه

Igralec

د فلم لوبغاړی

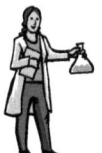

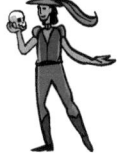

Voznik avtobusa

د بس ډرايور

Taksist

د ټيکسي ډرايور

Ribič

کب نيونکی

Čistilka

خدمه

Krovec

بام جوړونکی

Natakar

پیشخدمت

Lovec

ښکاري

Pleskar

نقاش

Pek

نانوا

Električar

د برېښنا کارکونکی

Gradbenik

تعمير جوړونکی

Inženir

انجنير

Mesar

قصاب

Vodovodni inštalater

نلدوان

Poštar

پوست رسونکی

Vojak

سرتيرى

Arhitekt

مهندس

Blagajnik

صراف

Cvetličar

ماليار

Frizer

نايى

Sprevodnik

كليندر

Mehanik

ميكانيك

Kapitan

كپتان

Zobozdravnik

د غاښونو ډاکټر

Znanstvenik

ساينس پوه

Rabin

بن‌اغلى

Imam

امام

Menih

مذهبي نفر

Duhovnik

پادري

Orodje

لوازم

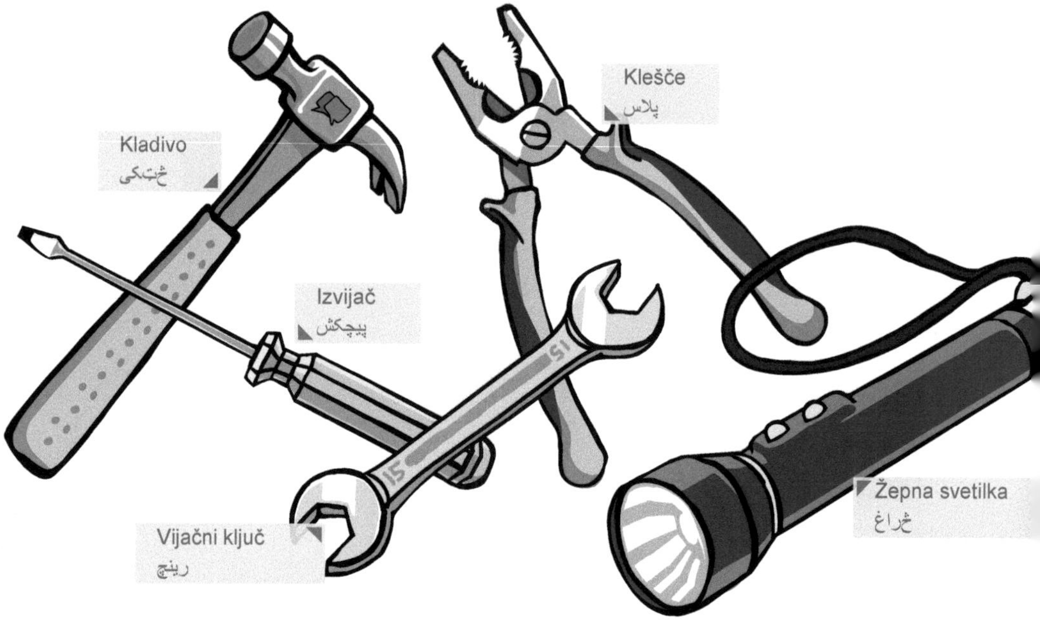

Kladivo
څټکی
Klešče
پلاس
Izvijač
پیچکش
Vijačni ključ
رینچ
Žepna svetilka
څراغ

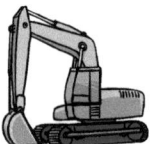

Bager

کنستونکی

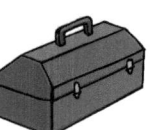

Zaboj z orodjem

د لوازمو بکس

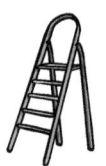

Lestev

زینه

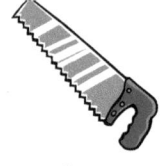

Žaga

اره

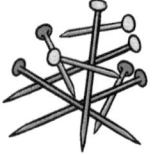

Žeblji

میخونه

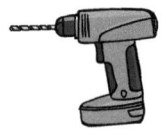

Vrtalnik

برمه

Popraviti

ترمیم کول

Lopata

بیل

Šment!

لعنت!

Smetišnica

خاک انداز

Posoda z barvo

مشواری

Vijaki

پیچونه

Glasbeni instrument

د میوزیک آلات

Zvočnik
لاود سپیکر

Tolkala
درم سیټ

Kontrabas
کنترباس

Trobenta
ټرومپیټ

Kitara
ګیتار

Klavir

پیانو

Violina

واېلن

Bas kitara

باس

Pavke

نغاره

Bobni

درمونه

Sintetizator

کي بورد

Saksofon

سیکسافون

Flavta

شپیلی

Mikrofon

مایکروفون

Živalski vrt

ژوبڼ

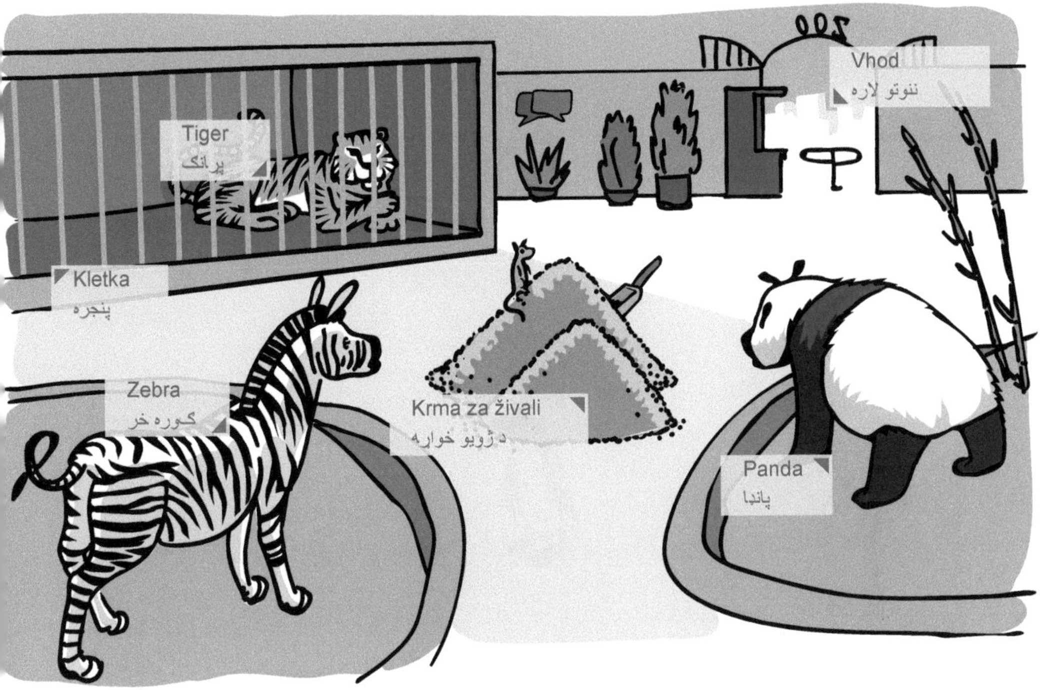

Tiger
پړانګ
Vhod
ننوتو لاره
Kletka
پنجره
Zebra
ګوره خر
Krma za živali
د ژويو خواړه
Panda
پاندا

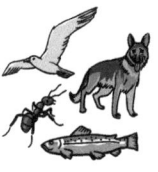

Živali

ژوی

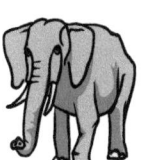

Slon

هاتي

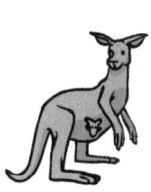

Kenguru

کنګرو

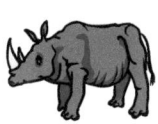

Nosorog

د اوبو اسپ

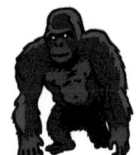

Gorila

ګوریلا

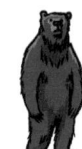

Medved

ایږه

Kamela

اوښ

Noj

ښترمرغ

Lev

زمری

Opica

بيزو

Plamenec

غزی

Papagaj

طوطي

Severni medved

قطبي ايږه

Pingvin

پينګوين

Morski pes

شارک

Pav

طاوس

Kača

مار

Krokodil

تمساح

Oskrbnik v živalskem vrtu

ژوبڼ ساتونکی

Tjulenj

سيل

Jaguar

جګوار

Poni

یابو

Leopard

پړانګ

Povodni konj

هیپو

Žirafa

زرافه

Orel

باز

Divji prašič

نرخوګ

Riba

کب

Želva

شمشتی

Mrož

سمندري نولی

Lisica

ګیدړه

Gazela

هوسی

Ameriški nogomet
امریکایی فټبال

Kolesarjenje
سایکل چغلول

Tenis
ټېنیس

Košarka
باسکیټبال

Plavanje
لامبو

Hokej
د کنګل هاکي

Boks
باکسینګ

Nogomet
فټبال

Badminton
کسیزه

Atletika
د خُغاستي لوبي

Rokomet
د هندبال

Smučanje
سکي

Polo
پولو

Dejavnosti
فعاليتونه

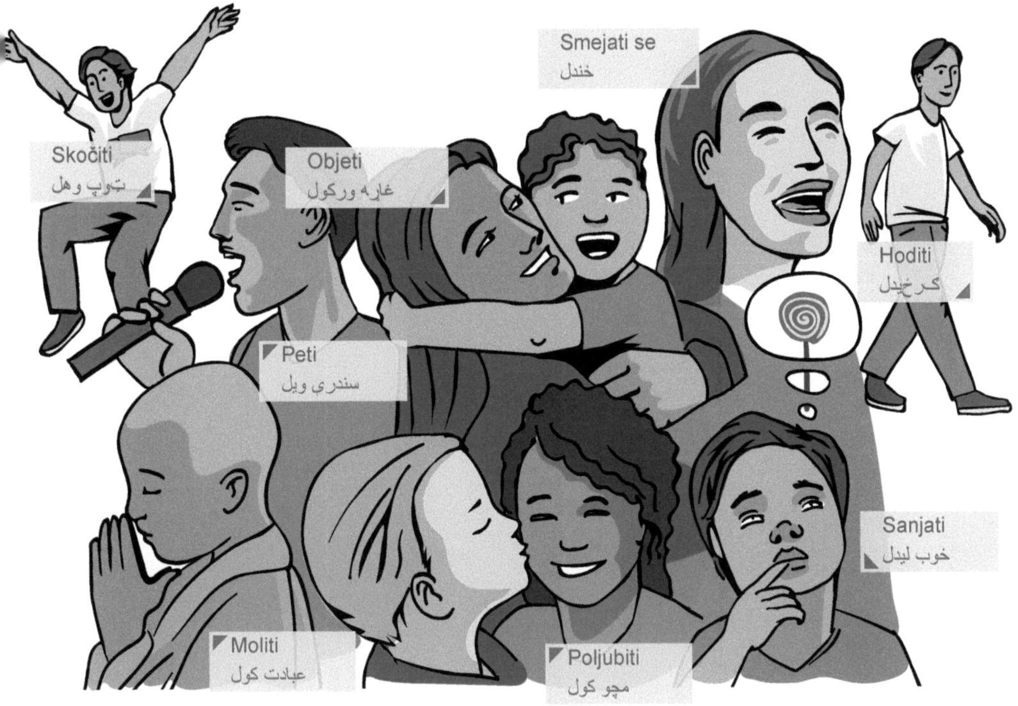

Skočiti
ټوپ وهل
Objeti
غاړه ورکول
Smejati se
خندل
Hoditi
ګرځېدل
Peti
سندري ويل
Sanjati
خوب ليدل
Moliti
عبادت کول
Poljubiti
مچو کول

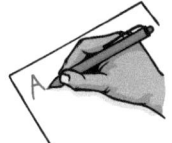

Pisati

ليکل

Risati

کښل

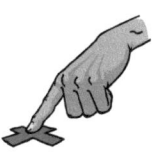

Pokazati

ښودل

Potisniti

ټيله کول

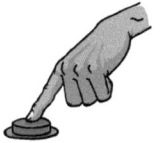

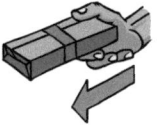

Dati

ورکول

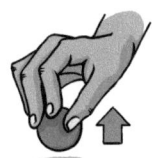

Vzeti

اخيستل

Imeti

درلودل

Narediti

کول

Biti

پاییدل

Stati

ودریدل

Teči

مندی وهل

Vleči

راکښل

Vreči

گوزارل

Pasti

لویدل

Ležati

څملاستل

Čakati

انتظار کول

Nositi

ورل

Sedeti

کښېناستل

Obleči se

پوښاک اغوستل

Spati

ویده کیدل

Zbuditi se

پاڅېدل

Gledati

کتل

Jokati

ژړل

Božati

بريد کول

Česati se

کمنخ کول

Govoriti

خبري کول

Razumeti

پوهيدل

Vprašati

غوښتل

Poslušati

اوريدل

Piti

څښل

Jesti

خورل

Pospraviti

پاکول

Ljubiti

مينه کول

Kuhati

پخلی کول

Voziti

موټر چلول

Leteti

الوتل

Jadrati

بیری چلول

Računanje

حساب

Brati

لوستل

Učiti se

زده کول

Delati

کار کول

Poročiti se

واده کول

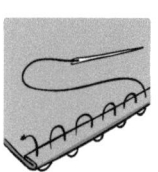

Šivati

ګنډل

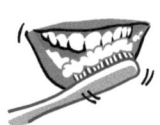

Ščetkati si zobe

د غاښونو برس کول

Ubiti

وژل

Kaditi

سګرټ څکښل

Poslati

لیږل

Družina

کورنۍ

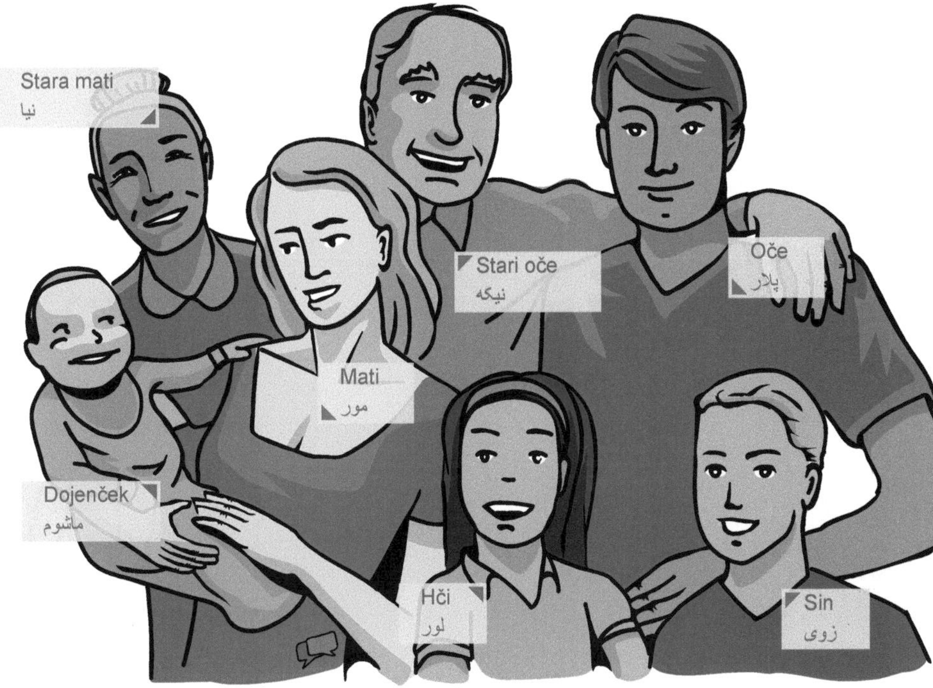

Stara mati
نیا
Stari oče
نیکه
Oče
پلار
Mati
مور
Dojenček
ماشوم
Hči
لور
Sin
زوی

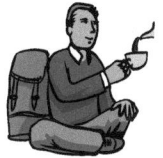

Gost

میلمه

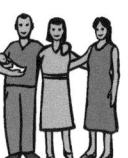

Teta

ترور

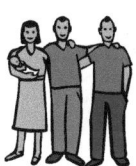

Stric

کاکا/ماما

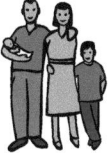

Brat

ورور

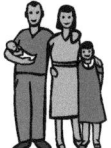

Sestra

خور

Telo

بدن

Čelo
تندی
Oko
سترګې
Rama
اوږه
Prst
ګوته
Obraz
مخ
Brada
زنه
Dlan
لاس
Noga
پښه
Prsi
سينه
Roka
مټ

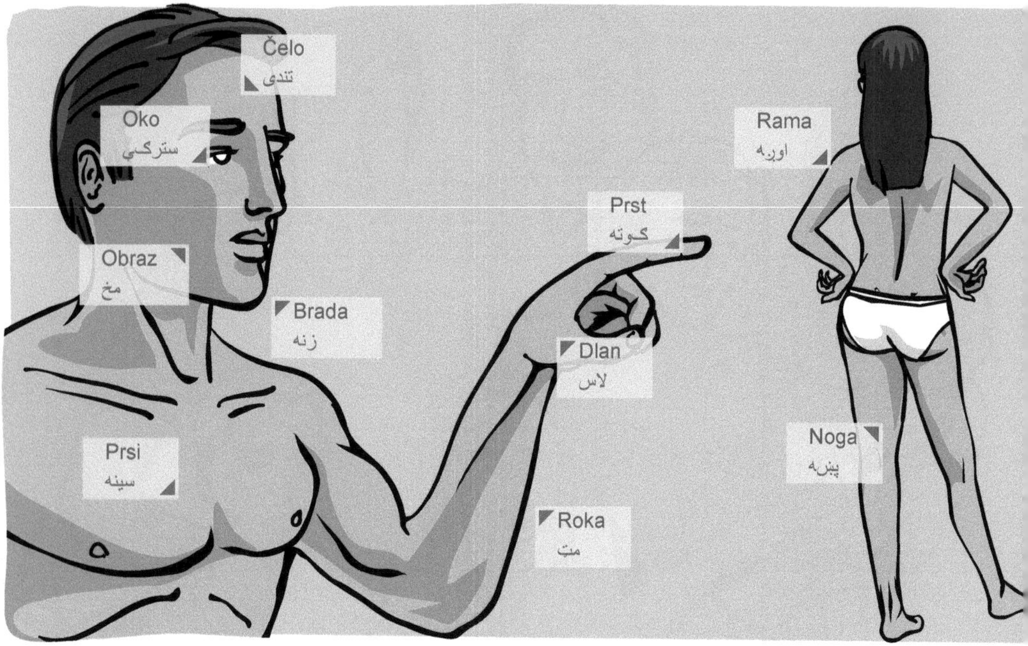

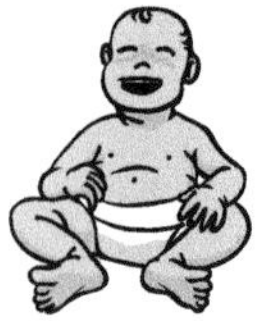

Dojenček

ماشوم

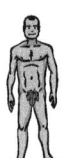

Človek

سړی

Ženska

ښځه

Dekle

انجلۍ

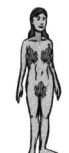

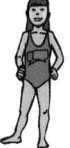

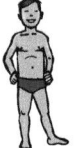

Fant

هلک

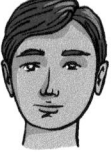

Glava

سر

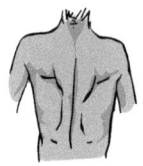

Hrbet

شا

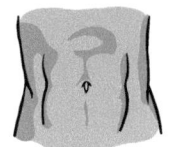

Trebuh

خیټه

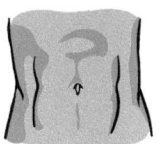

Popek

نوم

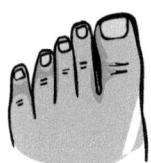

Prst na nogi

د پښی ګوته

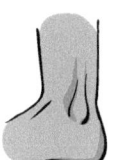

Peta

پونده

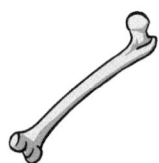

Kost

هډوکی

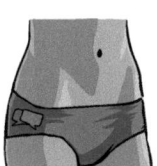

Kolk

کوناټی

Koleno

زنګون

Komolec

څنګل

Nos

پوزه

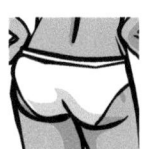

Zadnjica

لاندي برخه

Koža

پوټکی

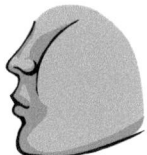

Lice

غومبوری

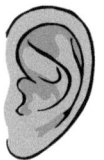

Uho

غوږ

Ustnica

شونده

Usta

خوله

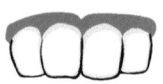

Zob

غاښ

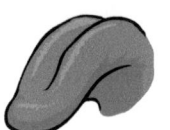

Jezik

ژبه

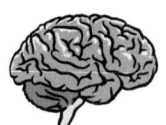

Možgani

مغز

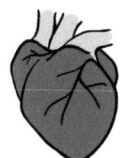

Srce

زړه

Mišica

عضله

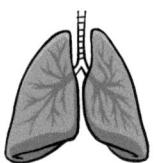

Pljuča

سږی

Jetra

ځيګر

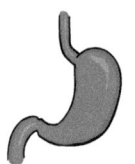

Želodec

معده

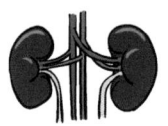

Ledvice

پښتورګي

Spolni odnos

جنسي نږدي والی

Kondom

کاندوم

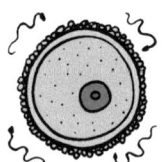

Jajčece

تخمه

Semenska tekočina

مني

Nosečnost

حمل

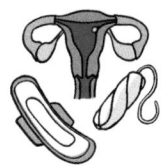

Menstruacija

حيض

Vagina

مهبل

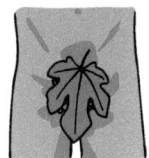

Penis

د نارينه تناسلي آله

Obrv

وروځى

Lasje

ويښته

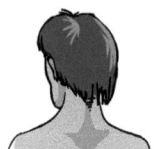

Vrat

غاړه

Bolnišnica
روغتون

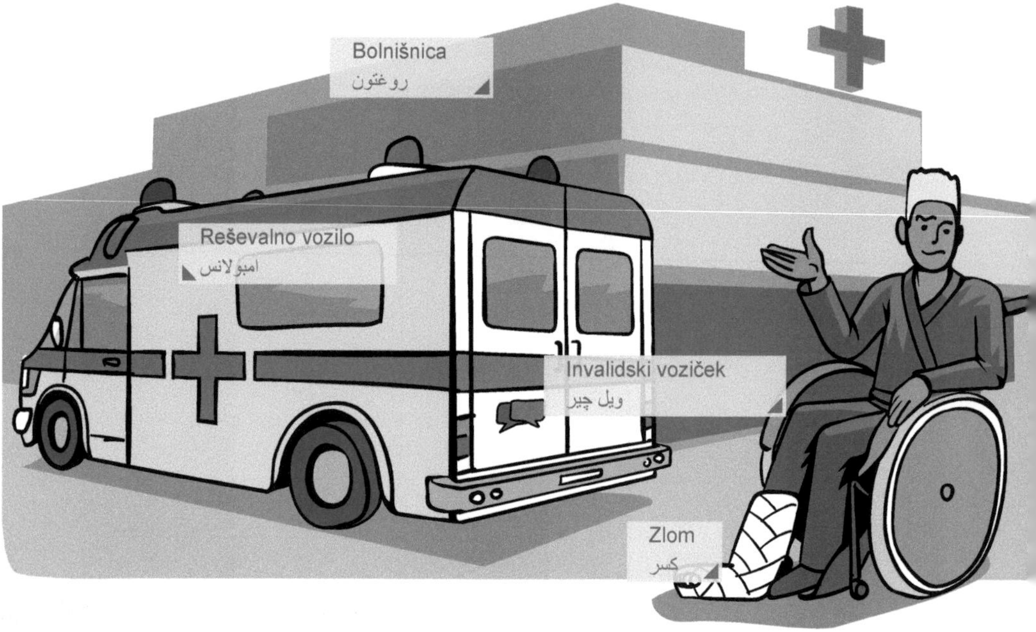

Bolnišnica
روغتون
Reševalno vozilo
امبولانس
Invalidski voziček
ویل چیر
Zlom
کسر

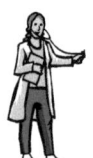

Zdravnik

ډاکټر

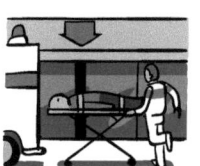

Urgenca

عاجل خونه

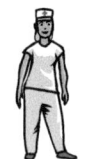

Medicinska sestra

رنځورپال

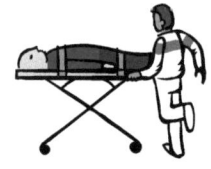

Nujni primer

عاجل

Nezavesten

بې هوش

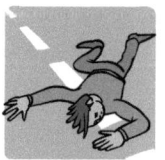

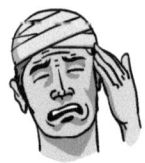

Bolečina

درد

Poškodba

نتپ

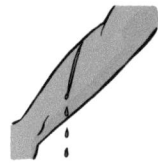

Krvavenje

وینه تویدل

Srčni infarkt

د زره حمله

Kap

ضرب

Alergija

حساسیت

Kašelj

توخی

Vročina

تبه

Gripa

انفلوینزا

Driska

نس ناستی

Glavobol

سر درد

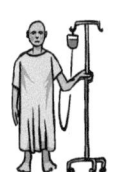

Rak

سرطان

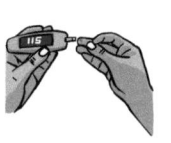

Sladkorna bolezen

شکر

Kirurg

جراح

Skalpel

سکالپل

Operacija

عملیات

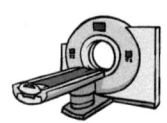

CT

سیۍ.ٻَي

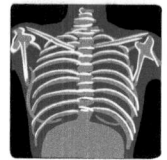

Rentgen

ایکس رې

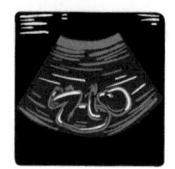

Ultrazvok

الټراساوند

Obrazna maska

د مخ ماسک

Bolezen

ناروغي

Čakalnica

انتظار خونه

Bergla

امساأ

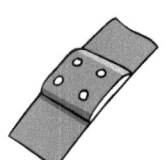

Obliž

پلستر

Preveza

بنداژ

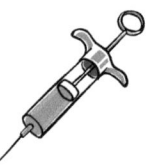

Injekcija

تزریق

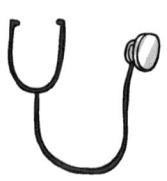

Stetoskop

ستاتسکوپ

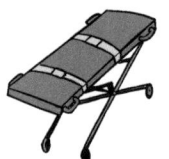

Nosila

تسکیره

Klinični termometer

کلینيکي ترماميتر

Porod

زیږون

Prekomerna teža

زیات وزن

Slušni pripomoček

د اوریدو مرسته

Razkužilo

د عفونیت ځخه پاکونکي مواد

Okužba

عفونیت

Virus

ویروس

HIV / AIDS

ایچ.آی.وی/ایدز

Medicina

درمل

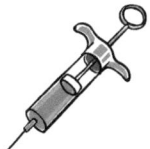

Cepljenje

واکسین

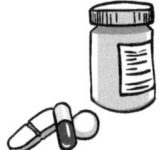

Tablete

تابلیټس

Tableta

ګولی

Klic v sili

عاجل تلیفون

Merilnik krvnega tlaka

د ويني د فشار څارونکی

bolano / zdravo

ناروغ/روغ

Na pomoč!

مرسته!

Alarm

الارم

Napad

يرغل

Napad

بريد

Nevarnost

خطر

Izhod v sili

عاجل لاره

Gori!

اور!

Gasilni aparat

د اور وژونکی

Nezgoda

پیښه

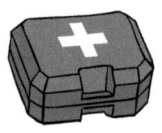

Komplet za prvo pomoč

د لومړی مرستي لوازم

SOS

ایس.او.ایس

Policija

پولیس

Evropa

اروپا

Severna Amerika

شمالي امریکا

Južna Amerika

سهیلي امریکا

Afrika

افریقا

Azija

آسیا

Avstralija

آستریلیا

Atlantski ocean

اتلانتیک

Tihi ocean

پاسیفیک

Indijski ocean

د هند بحر

Južni ocean

جنوبي منجمد بحر

Arktični ocean

د شمال قطب بحر

Severni tečaj

شمالي قطب

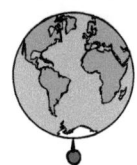

Južni tečaj

سهيلي قطب

Antarktika

انتارکتیکا

Zemlja

خُمکه

Kopno

خُمکه

Morje

بحر

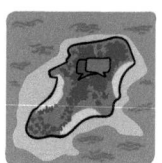

Otok

ټاپو

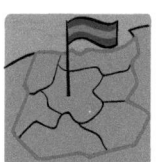

Narod

ملت

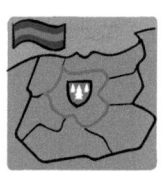

Država

دولت

Številčnica

د مخی ساعت

Urni kazalec

د ساعت ستنه

Minutni kazalec

د دقیقی ستنه

Sekundni kazalec

د ثانیی ستنه

Koliko je ura?

څه وخت دی؟

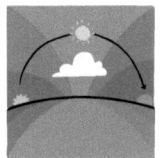

Dan

ورځ

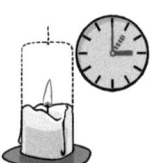

Čas

وخت

Zdaj

اوس

Digitalna ura

ديجيټل ساعت

Minuta

دقیقه

Ura

ساعت

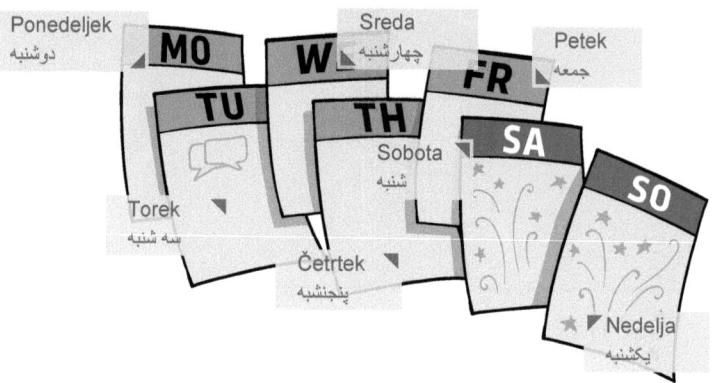

Ponedeljek
دوشنبه

Sreda
چهارشنبه

Petek
جمعه

Torek
سه شنبه

Sobota
شنبه

Četrtek
پنجشنبه

Nedelja
یکشنبه

Včeraj

پرون

Danes

نن

Jutri

سبا

Jutro

سهار

Poldne

غرمه

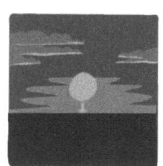

Večer

ماښام

Delovni dnevi

کاري ورځې

Konec tedna

د اونۍ پای

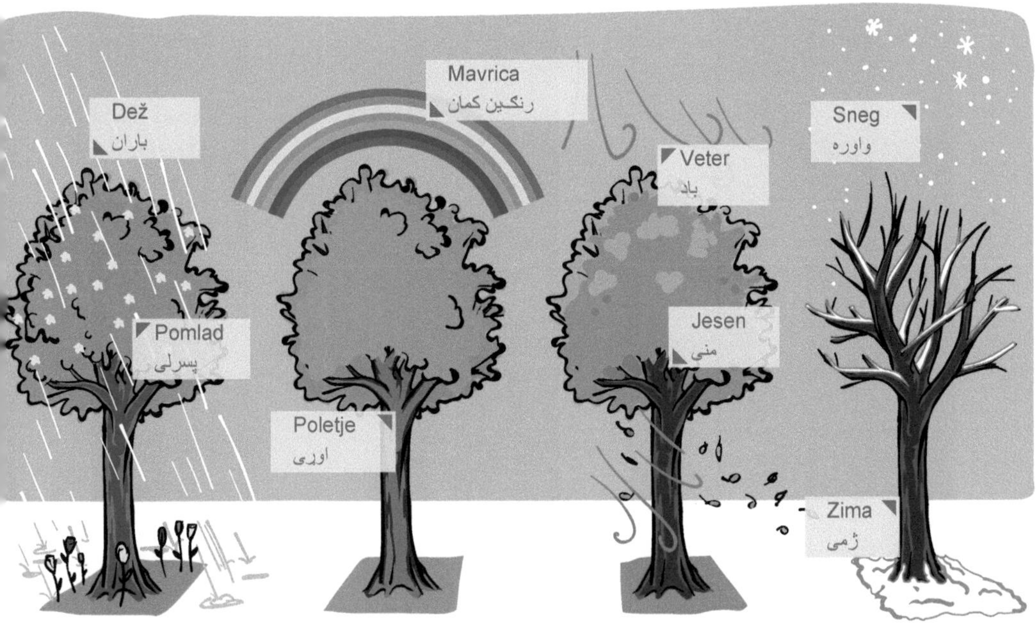
Dež
باران
Mavrica
رنګین کمان
Veter
باد
Sneg
واوره
Pomlad
پسرلی
Jesen
منی
Poletje
اوړی
Zima
ژمی

4.APRIL 11°
5.APRIL 4°
6.APRIL 13°
7.APRIL 8°
8.APRIL 10°

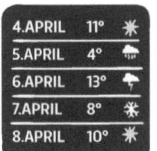

Vremenska napoved

د موسم وړاندوینه

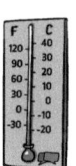

Termometer

ترمومیټر

Sončna svetloba

د لمر وړانګې

Oblak

وریځ

Megla

لړه

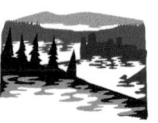

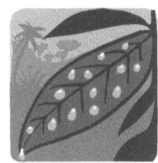

Vlažnost

رطوبت

Strela

رڼا

Grom

تندر

Nevihta

توفان

Toča

ږلی وریدل

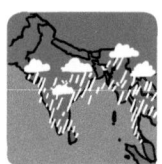

Monsun

مون سون باران

Poplava

سیلاب

Led

یخ

Januar

جنوري

Februar

فبروري

Marec

مارچ

April

اپریل

Maj

می

Junij

جون

Julij

جولای

Avgust

اکست

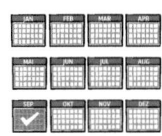

September

سپتمبر

Oktober

اکتوبر

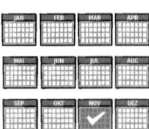

November

نومبر

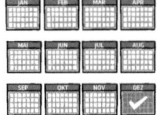

December

دسمبر

Oblike

شکلونه

Krogla

دایره

Kvadrat

مربع

Pravokotnik

مستطیل

Trikotnik

مثلث

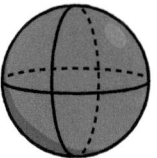

Krogla

توپ

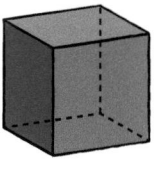

Kocka

فال

Bela

سپين

Rumena

ژير

Oranžna

نارنجي

Rožnata

ګلابي

Rdeča

سور

Vijolična

ارغواني

Modra

نيلي

Zelena

شين

Rjava

نسواري

Siva

خر

Črna

تور

veliko / malo

خورا ډير/خورا لږ

jezno / umirjeno

قار/ارام

lepo / grdo

ښکلېي/بدشکله

začetek / konec

پيل/پای

veliko / majhno

لوی/کوچنی

svetlo / temno

روښانه/تياره

brat / sestra

ورور/خور

čisto / umazano

پاک/ککر

popolno / nepopolno

مکمل/نامکمل

dan / noč

ورخ/شپه

mrtvo / živo

مراژوندی

široko / ozko

پراخه/انری

užitno / neužitno

د خوراک ور/نه خورل کیدونکی

zlobno / prijazno

بد/مهربان

vznemirjeno / zdolgočaseno

پاریدلی/بی خونده

debelo / vitko

چاق/وچ

prvo / zadnje

لومړی/اوروستی

prijatelj / sovražnik

ملګری/دښمن

polno / prazno

ډک/تش

trdo / mehko

سخت/نرم

težko / lahko

درون/سپک

lakota / žeja

لوږه/تنده

bolano / zdravo

ناروغ/روغ

nezakonito / zakonito

غیرقانوني/قانوني

pametno / neumno

هوښیار/ساده

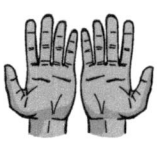

levo / desno

کین/ښي

blizu / daleč

نږدې/لری

novo / rabljeno

نوی/ازوړ

nič / nekaj

هیڅ/یوڅه

staro / mlado

بوډا/ځوان

vklopljeno / izklopljeno

چالان/بند

odprto / zaprto

خلاص/تړلی

tiho / glasno

غلی/لوړ غږ

bogato / revno

بډایه/غریب

prav / narobe

صحیح/غلط

grobo / gladko

زبر/ملایم

žalostno / veselo

خفه/خوښ

kratko / dolgo

لنډ/اوږد

počasi / hitro

سست/ګرندی

mokro / suho

لوند/وچ

toplo / hladno

ګرم/یخ

vojna / mir

جګړه/سوله

0 Ničla صفر	**1** Ena يو	**2** Dva دوه
3 Tri دري	**4** Štiri څلور	**5** Pet پنځه
6 Šest شپږ	**7** Sedem اوه	**8** Osem اته
9 Devet نهه	**10** Deset لس	**11** Enajst يولس

12

Dvanajst

دولس

13

Trinajst

دیارلس

14

Štirinajst

څوارلس

15

Petnajst

پنځلس

16

Šestnajst

شپاړس

17

Sedemnajst

وولس

18

Osemnajst

اتلس

19

Devetnajst

نولس

20

Dvajset

شل

100

Sto

سل

1.000

Tisoč

زر

1.000.000

Milijon

میلیون

Angleščina

انكلسي

Ameriška angleščina

امريكايى انكلسي

Mandarinščina

چينايى مندرين

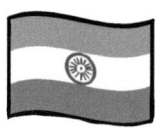

Hindujščina

هندي

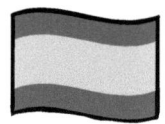

Španščina

هسپانوي

Francoščina

فرانسوي

Arabščina

عربي

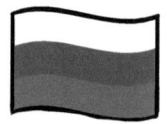

Ruščina

روسي

Portugalščina

پرتگالي

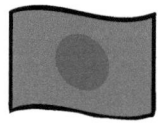

Bengalščina

بنكالي

Nemščina

الماني

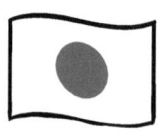

Japonščina

جاپاني

Jaz

زه

Ti

ته

On / ona / tisto

هغه/دغه/دا

Mi

موږ

Vi

تاسي

Oni

دوی/هغوی

Kdo?

څوک؟

Kaj?

څه؟

Kako?

څنګه؟

Kje?

چیري؟

Kdaj?

کله؟

Ime

نوم

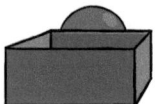

Zadaj

شاته

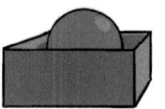

V

په

Pred

په مخه کي

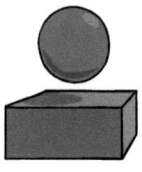

Nad

باندي

Na

په

Pod

لاندي

Poleg

برسيره پر

Med

ترمينځ

Kraj

ځای